Un franciscain chez les ⚡⚡

Composition et conception couverture : Soft Office (38)

© 2016, Ignatius Press – Augustine Institute

Cette bande dessinée est basée sur le livre *The Shadow of His Wings*
© Ignatius Press, 2000 / © Éditions Emmanuel, 2008

Pour la version française :

© Éditions Emmanuel, 2023
89, bd Auguste-Blanqui – 75013 Paris
www.editions-emmanuel.com
ISBN : 978-2-38433-126-0
Dépôt légal : 4ᵉ trimestre 2023

Achevé d'imprimer : septembre 2023
sur les presses de l'imprimerie SEPEC - 11925230706 - Imprimé en France

 IMPRIM'VERT®

 PEFC **10-31-1470 / Certifié PEFC** / Ce produit est issu de forêts gérées durablement et de sources contrôlées. / pefc-france.org

Un franciscain chez les ⚡⚡

BANDE DESSINÉE

Éditions Emmanuel

Table des matières

Un Franciscain chez les ⚡⚡

BANDE DESSINÉE

LA COTE 444... C'ÉTAIT, SI JE NE M'ABUSE, AU MILIEU DE L'ANNÉE 1943; NOS TROUPES AVAIENT ÉTÉ ENVOYÉES EN SICILE PROTÉGER LE RETRAIT DE L'ARMÉE ALLEMANDE, OU CE QU'IL EN RESTAIT APRÈS SA CUISANTE DÉFAITE.

ON L'APPELAIT AINSI À CAUSE DE SON ALTITUDE: 444 MÈTRES. L'ENNEMI Y ÉTAIT POSTÉ, BIEN RETRANCHÉ. NOUS AVIONS POUR ORDRE DE PRENDRE CETTE HAUTEUR. ORDRE ABSURDE, STUPIDE, ÉTANT DONNÉ NOS FAIBLES EFFECTIFS ET L'ÉTAT DE NOTRE ÉQUIPEMENT...

LA VEILLE DE L'OFFENSIVE, CERTAINES COMPAGNIES N'AVAIENT TOUJOURS PAS D'OFFICIERS. À MOI, ON ATTRIBUA LA 10ᴱ.

NOS TROUPES ÉTAIENT FRAÎCHES MAIS INEXPÉRIMENTÉES. HORMIS FAULBORN, MON AMBULANCIER, ET MOI-MÊME, LA 10ᵉ COMPAGNIE CONSISTAIT EN DES JEUNES GENS ARRACHÉS À LEURS ÉTUDES.

LA PLUPART N'AVAIENT PAS VINGT ANS, CERTAINS À PEINE SEIZE OU DIX-SEPT. C'ÉTAIENT DES ANCIENS DES JEUNESSES HITLÉRIENNES.

ET TOUS ÉTAIENT PÉTRIS D'UN ENTHOUSIASME CANDIDE POUR LA CAUSE ALLEMANDE.

DITES, VOUS EN AVEZ VU MOURIR?

JE VOUS DEMANDE PARDON?

DES SOLDATS, VOUS EN AVEZ VU MOURIR?

10

LE SANG JAILLISSAIT DE SA POITRINE FRACASSÉE.

KOFF... KOFF... PAS MAINTENANT... KOFF...

NOUS ARRACHÂMES LA CÔTE AU PRIX DE LOURDES PERTES.

LE COMMANDANT...

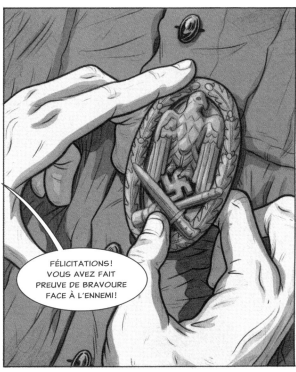

FÉLICITATIONS! VOUS AVEZ FAIT PREUVE DE BRAVOURE FACE À L'ENNEMI!

MAIS... JE N'AI FAIT QUE COURIR, COMME LES AUTRES!

CE N'EST PAS TOUS LES JOURS QU'UN NON-COMBATTANT REÇOIT UNE TELLE CITATION!

CERTES, MAIS JE N'EN TIRE NULLE SATISFACTION...

CE NOUVEAU COMMANDANT L'IGNORAIT MAIS, AU COURS DE MA CARRIÈRE DE NAZI, J'AVAIS PLUSIEURS FOIS REFUSÉ DE TELS HONNEURS, AINSI QUE LES DOCTRINES QU'ILS REPRÉSENTAIENT...

MON IMPUDENCE POUVAIT ME COÛTER CHER!

15

MAI 1943...

J'APPRIS QU'UNE ATTAQUE AÉRIENNE AVAIT TOUCHÉ LA MAISON DE MES PARENTS. J'OBTINS ENFIN LA PERMISSION QU'ON ME FAISAIT MIROITER DEPUIS SI LONGTEMPS, ET JE RENTRAI À FULDA.

PROFITANT D'UN MOMENT DE LIBRE POUR ME PROMENER, JE ME RETROUVAI DEVANT LE COUVENT DES SŒURS OÙ J'AVAIS SERVI MA PREMIÈRE MESSE COMME ENFANT DE CHŒUR, DIX-NEUF ANS PLUS TÔT...

BONJOUR, MON GARÇON...

SŒUR SOLANA MAY, LA SACRISTINE QUI M'AVAIT APPRIS À SERVIR LA MESSE...

MA SŒUR ?!

CEPENDANT, LA GUERRE...

... LA GUERRE? EST-CE QUE LA BIBLE DIT: «LES PRIÈRES SERONT EXAUCÉES, SAUF EN CAS DE GUERRE IMBÉCILE, DIEU N'EXERÇANT QU'EN TEMPS DE PAIX»?! CROIS-TU DONC LA GUERRE PLUS FORTE QUE LA VOLONTÉ DU SEIGNEUR?!

NON, BIEN SÛR! MAIS... L'ÉGLISE A SES LOIS, ET JE NE VOIS PAS...

C'EST SIMPLE: TU IRAS VOIR LE PAPE. C'EST LUI QUI A PROMULGUÉ CES LOIS... IL POURRA DONC T'EN DISPENSER!

MA SŒUR, JE REPARS DEMAIN AU FRONT, EN SICILE. ET, LÀ-BAS, IL N'Y A PAS DE PAPE. DU RESTE, JAMAIS LE SAINT-PÈRE NE M'ORDONNERA À MOINS QUE J'ACHÈVE MES ÉTUDES DE THÉOLOGIE!

HUM... TU DOIS PRIER LA MÈRE DE DIEU À LOURDES. ENSUITE, TU IRAS VOIR LE PAPE À ROME... ET TU LUI DEMANDERAS SANS DÉTOURS TON ORDINATION!

SA FOI ÉTAIT D'UNE TELLE CANDEUR QU'ELLE M'EN SEMBLAIT PRESQUE PUÉRILE...

NOUS EN DÉBATTÎMES ENCORE UN MOMENT. JE DEMEURAIS CONVAINCU QUE SŒUR SOLANA MAY SE BERÇAIT D'ILLUSIONS, TANDIS QU'ELLE N'EN DÉMORDAIT PAS: SES PRIÈRES SERAIENT EXAUCÉES!

1924...

ÊTRE ORDONNÉ PRÊTRE, MOI ?
VU MA RÉPUTATION ENFANT,
IL ÉTAIT DÉJÀ REMARQUABLE QUE
JE SOIS DEVENU SÉMINARISTE...

À FULDA, JE FAISAIS LES QUATRE
CENTS COUPS AVEC MES FRÈRES...
LE MENEUR DE BANDE, C'ÉTAIT MOI !

SANS AVOIR MAUVAIS FOND,
J'ÉTAIS REBELLE...

MA VIE DE FAMILLE N'EN ÉTAIT PAS MOINS
MARQUÉE PAR UNE FOI PROFONDE ET
UNE PIÉTÉ SINCÈRE. MON PÈRE ET MA MÈRE
ÉTAIENT DES CATHOLIQUES EXEMPLAIRES.

MON PÈRE ACCOMPLISSAIT
SON SERVICE ARMÉ SUR LE FRONT
OCCIDENTAL QUAND JE SUIS NÉ.
ENSUITE, IL EXERÇA LE MÉTIER
DE VÉTÉRINAIRE.

QUAND IL AVAIT VENT
DE NOS FRASQUES,
IL NOUS FAISAIT LA LEÇON
ET ENFONÇAIT LE CLOU
À COUPS DE CANNE...

MA MÈRE ÉTAIT UNE FEMME ADMIRABLE, PLEINE DE PATIENCE ET DE COMPASSION.

IL Y AVAIT TOUJOURS DANS SA CUISINE QUELQUE FERMIÈRE VENUE LUI CONFIER SES TRACAS OU LUI DEMANDER CONSEIL...

C'EST MAMAN QUI M'APPRIT À DÉFENDRE LES OPPRIMÉS ET À PROTÉGER PLUS FAIBLE ET PLUS PETIT QUE MOI. D'AUTANT QUE J'ÉTAIS GRAND ET COSTAUD...

J'AVAIS HUIT ANS QUAND ELLE EST MORTE.

DES CENTAINES DE PERSONNES, TOUCHÉES PAR SA BONTÉ, ASSISTÈRENT À L'ENTERREMENT.

LE JOUR DE SA MORT FUT L'ÉVÉNEMENT LE PLUS SOMBRE DE MA JEUNESSE.

JE DEMEURAIS ÉBRANLÉ PAR L'IMPOSSIBLE PRÉDICTION DE SŒUR SOLANA MAY.

BIEN SÛR, J'AVAIS FOI EN LA PRIÈRE. MAIS J'ÉTAIS ATTENDU EN SICILE... ET JE NE VOYAIS PAS COMMENT J'AURAIS PU DÉROGER À MES OBLIGATIONS!

MON ORDRE DE MARCHE ÉTAIT CLAIR: DE FULDA, J'IRAIS À KASSEL ET, DE LÀ, EN SICILE.

IL N'Y ÉTAIT PAS QUESTION D'UN DÉTOUR PAR LOURDES OU PAR ROME, D'UNE AUDIENCE AVEC LE PAPE NI DE LA MÈRE DE DIEU!

JE VOUS ARRÊTE!

VOUS... QUOI?!

22

JE N'Y COMPRENAIS RIEN. CERTES...

... J'AVAIS PARTICIPÉ À DES MISSIONS SECRÈTES, MAIS NUL NE LE SAVAIT, SAUF DES MEMBRES HAUT-PLACÉS DE LA RÉSISTANCE.

FAULBORN M'APPRENDRAIT PLUS TARD QUE, PENDANT MA DÉTENTION, NOTRE UNITÉ AVAIT ÉTÉ ANÉANTIE. IL COMPTAIT PARMI LES RARES SURVIVANTS...

LIBÉRATION DU PRISONNIER, EFFECTIVE IMMÉDIATEMENT!

ÇA VIENT DE BERLIN. LES CHARGES CONTRE VOUS ONT ÉTÉ ABANDONNÉES. VOUS ALLEZ REJOINDRE VOTRE DIVISION. MAIS D'ABORD, TRANSFERT EN FRANCE POUR UNE MISSION SPÉCIALE.

MAIS SUR LE MOMENT, J'IGNORAIS QUE MA CAPTIVITÉ ÉTAIT PEUT-ÊTRE EN TRAIN DE ME SAUVER LA VIE. JE CRAIGNAIS MÊME DE FINIR MES JOURS DANS CETTE CELLULE.

OÙ?

À PAU. LOURDES, VOUS SITUEZ? C'EST À CÔTÉ.

QUELQUES JOURS PLUS TARD, J'ÉTAIS EN ROUTE POUR LOURDES. LA FOI DE SŒUR SOLANA MAY N'ÉTAIT PEUT-ÊTRE PAS SI PUÉRILE, FINALEMENT...

L'ÉVÊQUE M'AVAIT REFUSÉ SES PRÊTRES, MAIS J'ÉTAIS DÉSORMAIS EN MESURE DE DONNER L'EUCHARISTIE. ET, SITÔT QU'IL EUT REÇU MA CONFESSION, JE M'APPRÊTAI À ACCOMPLIR MON NOUVEAU DEVOIR...

L'ÉVÊQUE ME FIT LA GRÂCE DE ME PARDONNER. JE REMERCIAI MA CHÈRE SŒUR SOLANA, À FULDA, QUI SEMBLAIT PAR SES PRIÈRES M'AVOIR OBTENU CETTE FAVEUR!

NOUS REFÎMES LA ROUTE EN SENS INVERSE, TRAVERSANT LA ZONE DE FEU, ET REGAGNÂMES INDEMNES NOTRE HÔPITAL DE FORTUNE.

CETTE NUIT-LÀ, JE RÉVÉLAI À DEUX BLESSÉS LA GRAVITÉ DE LEUR ÉTAT ET LEUR DEMANDAI S'ILS ÉTAIENT CATHOLIQUES.

TU ES PRÊTRE?

NON, MAIS J'AI AVEC MOI LE CORPS DU CHRIST!

JE RÉCITAI AVEC LUI L'ACTE DE CONTRITION ET LUI DONNAI LA COMMUNION...

TU DEVRAIS EN FAIRE AUTANT.

CE N'EST PAS CE BOUT DE PAIN QUI ME SAUVERA. METS PLUTÔT UNE CIGARETTE DANS MA BOUCHE...

JE CONNUS CHEZ LES NAZIS QUANTITÉ D'ÉPISODES DÉCOURAGEANTS COMME CELUI-LÀ. POURTANT, J'AVAIS L'ESPOIR CHEVILLÉ AU CORPS! JE N'ÉTAIS PAS INSOUCIANT, LOIN DE LÀ... MAIS JE N'AVAIS PAS PEUR.

LES DEUX HOMMES COMPARAISSAIENT À PRÉSENT DEVANT LE SEIGNEUR.

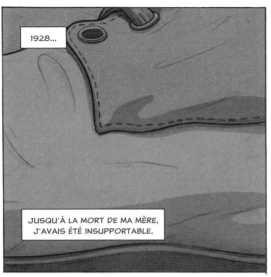

1928...

JUSQU'À LA MORT DE MA MÈRE, J'AVAIS ÉTÉ INSUPPORTABLE.

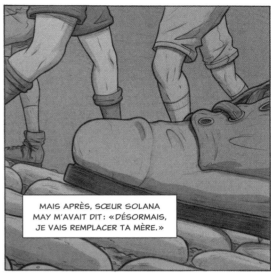

MAIS APRÈS, SŒUR SOLANA MAY M'AVAIT DIT : «DÉSORMAIS, JE VAIS REMPLACER TA MÈRE.»

BIEN QUE POURVUS DE NOUVEAUX GUIDES SPIRITUELS, NOUS ÉTIONS INTENABLES...

C'EST AVEC UN ENTHOUSIASME SINCÈRE QUE J'ENTRAI DANS L'UNION DE LA JEUNESSE CATHOLIQUE NEUDEUTSCHLAND...

... MAIS BIENTÔT, MON PAYS TOMBA SOUS L'EMPRISE D'ADOLF HITLER.

JEUNESSES HITLÉRIENNES ET JEUNESSES CATHOLIQUES S'OPPOSAIENT AVEC UNE VIOLENCE CROISSANTE...

BIENTÔT, NOUS NOUS LIVRÂMES DE VRAIES BATAILLES RANGÉES.

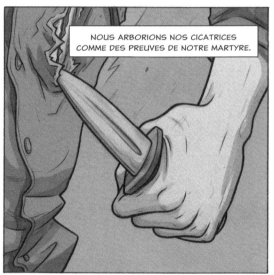

NOUS ARBORIONS NOS CICATRICES COMME DES PREUVES DE NOTRE MARTYRE.

ARRESTATIONS ET SÉJOURS AU POSTE DE POLICE FAISAIENT PARTIE DE L'AVENTURE !

INCONSCIENTS DES RÉALITÉS POLITIQUES ET DU DANGER MORAL...

... NOUS VOYIONS SIMPLEMENT DANS LES NAZIS NOS ENNEMIS NATURELS.

JE ME RÉVEILLAI EN SURSAUT.

VITE !

DEBOUT !

COURS !

SCHNELL !

IL N'Y A PAS UN INSTANT À PERDRE !

UNE VOIX...

LÈVE-TOI ET COURS !

LE TEMP PRESSE

EUH... PETIT-DÉJ?

POSE ÇA ET PRÉPARE-TOI... NOUS DEVONS PARTIR IMMÉDIATEMENT !

JE N'AI PAS LE TEMPS DE T'EXPLIQUER MAIS, SI TU AIMES TA FEMME ET TES ENFANTS, RÉVEILLE LES AUTRES ET RASSEMBLE TES AFFAIRES !

MON PROPOS ET MON ATTITUDE IMPRESSIONNÈRENT MANIFESTEMENT FAULBORN...

POUR REJOINDRE LES LIGNES ALLEMANDES
SANS EMPRUNTER LE PONT NI ATTIRER L'ATTENTION
DES NAVIRES QUI SURVEILLAIENT LA CÔTE, NOUS
ALLIONS DEVOIR NOUS METTRE À L'EAU...

JE NE SUIS
PAS BON
NAGEUR!

ALORS
TÂCHE DE
NE PAS PERDRE
PIED...

LA PÉNOMBRE NOUS DISSIMULA UN MOMENT
AUX YEUX VIGILANTS DE L'ENNEMI, AU LARGE.
MAIS LE SOLEIL, EN SE LEVANT, NOUS EXPOSA.

NOUS NOUS IMMERGEÂMES.

L'EAU CLAPOTAIT DANS MES BOTTES.

TU DEVAIS AVOIR LE DIABLE EN TOI!

ILS LÂCHÈRENT AU MOINS VINGT BOMBES.

UNE FOIS LE BOMBARDEMENT TERMINÉ ET LA VALLÉE DÉVASTÉE, NOUS NOUS MÎMES EN QUÊTE DE SURVIVANTS... EN VAIN.

QUI M'AVAIT APPELÉ DANS LA NUIT? QUI M'AVAIT SAUVÉ?

J'AI FRÔLÉ LA MORT EN MAINTES *OCCASIONS*, CHACUNE AFFERMISSANT MA FOI.

BEAUCOUP DE MES CAMARADES MOURURENT ATROCEMENT, TANDIS QUE NOUS FUYIONS LES ALLIÉS, DÉTRUISANT DERRIÈRE NOUS LES PONTS ET LES TUNNELS...

PALMI, LE DÉTROIT DE MESSINE, LES PLAINES DE SALERNE... NOUS POUSSIONS TOUJOURS PLUS AU NORD.

PRÈS DE MESSINE, NOUS FÛMES POUR LA PREMIÈRE FOIS LA CIBLE DE NOS ALLIÉS ITALIENS.

CHAQUE JOUR, JE DONNAI LA COMMUNION...

... AUX SOLDATS COMME AUX CIVILS DES DEUX CAMPS, TUÉS DANS L'INDIFFÉRENCE.

ENTRE LES PANSEMENTS ET LES OPÉRATIONS BASIQUES, JE NE MANQUAIS JAMAIS DE DEMANDER: «ÊTES-VOUS CATHOLIQUE? VOICI LE CORPS DU CHRIST!»

LE 7 DÉCEMBRE, À LA FAVEUR D'UNE PERMISSION, JE DEVINS SOUS-DIACRE.

LE 12, JE FUS ORDONNÉ DIACRE.

AU JOUR DE L'AN, J'ÉTAIS À ROME, EN ROUTE POUR LE FRONT.

LA FOI DE SŒUR SOLANA, CONJUGUÉE AUX HORREURS DE LA GUERRE, AVAIT ACHEVÉ DE ME CONVAINCRE DU BIEN-FONDÉ DE MA MISSION.

GRÂCE AU MINISTRE GÉNÉRAL DE L'ORDRE FRANCISCAIN ET À UN AMI À L'AMBASSADE D'ALLEMAGNE, J'OBTINS UNE IMPROBABLE AUDIENCE AVEC LE PAPE !

ABASOURDI, LES TEMPES BATTANTES, JE FRANCHIS SANS ENCOMBRE LES POSTES DE GARDE ALLEMANDS ET PÉNÉTRAI DANS LE VATICAN...

38

1934...

MA JEUNESSE AVAIT SCELLÉ MA VOCATION À DEVENIR PRÊTRE.

LES RÉUNIONS CHRÉTIENNES ÉTANT INTERDITES, NOUS NOUS RETROUVIONS EN SECRET...

NOUS VOULIONS PROUVER QUE NOUS ÉTIONS DES CHRÉTIENS COURAGEUX.

SUR LA ROUTE, UNE PATROUILLE NOUS ÉTAIT TOMBÉE DESSUS ET CELA S'ÉTAIT FINI DEVANT LE TRIBUNAL DES MINEURS.

DÈS LORS, NOUS PRÎMES NOS VÉLOS POUR NOUS RÉUNIR AU CŒUR DE LA FORÊT NOIRE.

40

LES AUTORITÉS NE REJETAIENT PAS SEULEMENT L'ÉGLISE CATHOLIQUE ET LA FOI CHRÉTIENNE...

... ELLES RENIAIENT LEUR PROPRE DIGNITÉ HUMAINE.

À VINGT-DEUX ANS, J'ÉTAIS SÉMINARISTE QUAND JE FUS RECRUTÉ DE FORCE.

JE DEVINS NAZI SOUS LA CONTRAINTE.

N'AYANT AUCUNE ENVIE DE PRENDRE LES ARMES, JE FINIS PAR INTÉGRER LE CORPS MÉDICAL DES ARMÉES.

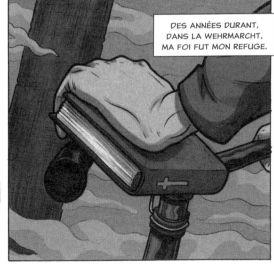

DES ANNÉES DURANT, DANS LA WEHRMARCHT, MA FOI FUT MON REFUGE.

41

LE PAPE PIE XII...

J'ABORDAI LES PREMIÈRES QUESTIONS. ELLES FURENT RAPIDEMENT EXPÉDIÉES...

PUIS, POUR UNE FOIS, J'HÉSITAI.

Y A-T-IL ENCORE QUELQUE CHOSE ?

JE SUIS INFIRMIER, JE NE TUE POINT. AU CONTRAIRE, JE CHERCHE À SAUVER CORPS ET ÂMES... MAIS NEUF NOUVELLES DIVISIONS ALLEMANDES SE TROUVENT SANS AUMÔNIER POUR CONFESSER LES MOURANTS.

ALORS JE SOUHAITE DEVENIR PRÊTRE.

VOUS AVEZ LES ATTESTATIONS REQUISES, MON FILS ?

HÉLAS, NON. MAIS JE DISTRIBUE DÉJÀ LA SAINTE COMMUNION. JE PORTE LES HOSTIES SUR MOI, COMME L'ÉVÊQUE DE PATTI M'EN A ACCORDÉ LA PERMISSION !

J'OMIS DE MENTIONNER LE RÔLE QU'AVAIT ALORS JOUÉ MON LUGER...

AVANT D'ÊTRE ORDONNÉ À ROME, JE DEVAIS REJOINDRE MON UNITÉ AU SUD DE CASSINO, DANS LES HAUTEURS.

LE DIOCÈSE LÀ-BAS AVAIT ÉTÉ UN LIEU BÉNI DE DIEU. MAIS, EN QUELQUES JOURS, LA GUERRE AVAIT TOUT RAVAGÉ...

LES BÂTIMENTS AVAIENT ÉTÉ DÉTRUITS, LES HABITANTS TUÉS. RESTAIT LE MONASTÈRE, SEUL AU SOMMET DE LA MONTAGNE.

L'ÉVÊQUE DE CASSINO ACCEPTA DE M'ORDONNER. NOUS DEVIONS CÉLÉBRER LE SACREMENT LE LENDEMAIN SOIR, SI NOUS ÉTIONS ENCORE EN VIE...

... 231.1 ...

ON ÉTAIT EN FÉVRIER 1944. RETRANCHÉS DANS LA MONTAGNE, NOUS AVIONS FROID.

NOUS ÉTIONS SANS MÉDECIN DEPUIS DES SEMAINES. LES TROUPES OCCUPAIENT UNE DES CAVES. DANS L'AUTRE, J'AVAIS ABRITÉ LES BLESSÉS QUE JE PEINAIS À SOIGNER...

... 059.67

LA VEILLE DE L'ORDINATION, NOUS ÉTIONS SUR UN PETIT PLATEAU PRÈS DE MONTE CASSINO. SAN GIORGIO, JE CROIS... LÀ, NOUS AVIONS TROUVÉ UNE VIEILLE CABANE DE BERGER ISOLÉE APPELÉE "MASSA CONSTANZA".

MAIS... IMBÉCILE! VOUS CROYEZ PEUT-ÊTRE QUE L'ENNEMI N'ENTEND PAS? VOUS VENEZ D'ÉMETTRE NOTRE POSITION EN CLAIR!

MAIS, CHEF, QUI POURRAIT BIEN ÉCOUTER, ICI, DANS LA MONTAGNE?

N'IMPORTE QUI!

POK

POK

BADAM

PSSHH

VVVRR

45

DES NAVIRES DE GUERRE?

L'INSTANT D'AVANT, DES HOMMES VIVANTS, INDEMNES...

... PUIS DES CRIS INDESCRIPTIBLES!

RIEN QUE DES MEMBRES ARRACHÉS ET DU SANG, UN GOUFFRE NOIR D'HORREUR...

CRAC

CEUX QUI LE POUVAIENT ENCORE FUIRENT.

POUR MA PART, JE TOUCHAI CETTE FOIS LE FOND DE LA DÉSHUMANISATION...

QUAND JE ME TIENS SOUS L'ABRI DU TRÈS-HAUT
ET REPOSE À L'OMBRE DU PUISSANT,
JE DIS AU SEIGNEUR : « MON REFUGE, MON REMPART,
MON DIEU, DONT JE SUIS SÛR ! »

C'EST LUI QUI TE SAUVE DES FILETS DU CHASSEUR
ET DE LA PESTE MALÉFIQUE ;
IL TE COUVRE ET TE PROTÈGE. TU TROUVES SOUS
SON AILE UN REFUGE : SA FIDÉLITÉ EST UNE ARMURE,
UN BOUCLIER.
TU NE CRAINDRAS NI LES TERREURS DE LA NUIT,
NI LA FLÈCHE QUI VOLE AU GRAND JOUR,
NI LA PESTE QUI RÔDE DANS LE NOIR, NI LE FLÉAU
QUI FRAPPE À MIDI.

QU'IL EN TOMBE MILLE À TES CÔTÉS, QU'IL EN TOMBE DIX MILLE À TA DROITE, TOI, TU RESTES HORS D'ATTEINTE.
IL SUFFIT QUE TU OUVRES LES YEUX, TU VERRAS LE SALAIRE DU MÉCHANT.
OUI, LE SEIGNEUR EST TON REFUGE ; TU AS FAIT DU TRÈS-HAUT TA FORTERESSE.
LE MALHEUR NE POURRA TE TOUCHER, NI LE DANGER, APPROCHER DE TA DEMEURE :
IL DONNE MISSION À SES ANGES DE TE GARDER SUR TOUS TES CHEMINS.

SUR TOUS TES CHEMINS ;
ILS TE PORTERONT SUR LEURS MAINS,
POUR QUE TON PIED NE HEURTE PAS LES PIERRES.

... LES ANGES ÉTAIENT AVEC MOI.

IL N'Y AVAIT PRATIQUEMENT PLUS D'HOMMES À ENTERRER ; RIEN QUE DES LAMBEAUX DE CHAIR HUMAINE...

CHEF, LES OBUS SE SONT TUS !

FILONS D'ICI...

AINSI FUS-JE FAIT PRISONNIER. ON M'EMMENA D'ABORD À NAPLES, PUIS À BIRKHADEM, EN ALGÉRIE.

APRÈS DE LONGS INTERROGATOIRES, LES ALLIÉS M'AUTORISÈRENT À CHOISIR UN *CAMP DE PRISONNIERS* ÉTABLI DANS UN COUVENT DE FRANCISCAINS.

ET LÀ, APRÈS ENQUÊTE, L'ARCHEVÊQUE D'ALGER EXÉCUTA L'ORDRE DE SA SAINTETÉ...

J'ENTRAI EN SACERDOCE LE 24 JUIN 1944.

L'ÉVÊQUE IMPOSA LES MAINS SUR MOI, RÉALISANT AINSI LA PRÉDICTION DE SŒUR SOLANA MAY.

EN SEPTEMBRE 1944, SOUS SURVEILLANCE FRANÇAISE, JE FUS TRANSFÉRÉ VERS UN CAMP DE PRISONNIERS SORDIDE À KSAR-ES-SOUK, AU MAROC.

ENTRE-TEMPS, L'ALLEMAGNE AVAIT PERDU LA GUERRE ET LA DISCORDE GRONDAIT PARMI LES PRISONNIERS CATHOLIQUES.

CERTAINS RESTAIENT FIDÈLES À L'IDÉOLOGIE NATIONALE-SOCIALISTE.

D'AUTRES AVAIENT LES NAZIS EN HORREUR, MAIS CRAIGNAIENT LES REPRÉSAILLES EN ALLEMAGNE...

JE SOUTENAIS CES DERNIERS. QUANT AUX AUTRES, JE PRIAIS POUR LE SALUT DE LEUR ÂME!

IL ME TARDAIT D'ACCOMPLIR MES NOUVEAUX DEVOIRS, AUSSI ME FÉLICITAIS-JE D'AVOIR ÉTÉ ENVOYÉ LÀ.

JE DEVINS LE PRÊTRE DU CAMP.

AU DÉBUT, DANS LA CHAPELLE BONDÉE, LA MÉFIANCE ÉTAIT PALPABLE.

LES NAZIS CONVAINCUS ME REJETAIENT AVEC VIRULENCE.

ILS PASSAIENT À TABAC QUICONQUE NE PENSAIT PAS COMME EUX. QUANT AUX GARDES, ILS ABUSAIENT DE LEUR AUTORITÉ...

QU'IMPORTE! PENDANT UN AN, JE PRÊCHAI ET...

... JE FINIS PAR TOUCHER DES HOMMES À L'ÂME DESSÉCHÉE.

CERTAINS SE CONVERTIRENT AU CATHOLICISME. QUELQUES-UNS DEVINRENT PRÊTRES...

NOUS SOMMES ALLEMANDS!

TU ES EN TERRITOIRE ALLEMAND, LE PRÊTRE... NOUS DEVONS RESTER ALLEMANDS D'ESPRIT! ICI, IL N'Y A NI CATHOLIQUES, NI PROTESTANTS. SEULEMENT DES ALLEMANDS.

C'EST VRAI. *GUTEN TAG*, KROCH. JE M'ÉTONNE DE TE VOIR ICI.

AH... TU VOIS, MOI, JE SUIS UN BON CATHOLIQUE ET UN BON ALLEMAND, FAVORABLE À UNE ALLEMAGNE PLUS JUSTE ET PLUS VRAIE. QU'EN DIS-TU?

IMPOSSIBLE. UN ALLEMAND N'A PAS DE PÉCHÉ QU'UN HUMAIN PUISSE ABSOUDRE. POUR NOUS AUTRES, IL N'Y A QU'UN PÉCHÉ: LA PROFANATION DE LA RACE!

CELUI QUI PRÊCHE UNE RELIGION ÉTRANGÈRE PROFANE SA RACE. LA SEULE ABSOLUTION, C'EST LA MORT!

J'OFFRE L'ABSOLUTION PAR LA SEULE GRÂCE DE DIEU, AUX CATHOLIQUES ET À CEUX SOUHAITANT LE DEVENIR.

NOUS AVONS TOUS PÉCHÉ. SI NOUS NE POUVONS ÊTRE ABSOUS, LE CIEL VIENNE EN AIDE AUX EUROPÉENS, OPPRESSEURS ET OPPRIMÉS, LE JOUR DU JUGEMENT DERNIER...

EN UN SENS, ON EST D'ACCORD. TU ES UN NAZI!

MAIS JE SUIS UN HOMME DE FOI. MA RELIGION EST MON REPÈRE, ELLE A GUIDÉ MES PAS, ME PROTÉGEANT DES BOMBES ET DE LA DÉVASTATION.

SI J'AI SURVÉCU JUSQU'ICI, CE N'EST PAS GRÂCE AU NAZISME, MAIS À L'ÉGLISE ET À DIEU, QUI M'AIDERONT À FRANCHIR MILLE ÉCUEILS ET PLUS. UNE TELLE FOI NE S'ABJURE PAS.

TA FOI, C'EST UNE MALADIE. TU ES PRÉVENU!

TAKKA TRA

FTTT

TAKTAK FFT

LES NAZIS FANATIQUES AVAIENT FAIT DES DÉGÂTS... MAIS NOUS PARVÎNMES À REMPLACER CE QUI AVAIT ÉTÉ ABÎMÉ.

PAR CHANCE, J'AVAIS FAIT LA CONNAISSANCE DES SŒURS FRANCISCAINES MISSIONNAIRES DE MARIE. TOUCHÉES PAR NOTRE DÉNUEMENT, ELLES NOUS OFFRAIENT DE LA NOURRITURE, DES VÊTEMENTS ET D'AUTRES DENRÉES, AINSI QUE LEURS PRIÈRES.

SŒUR JEANNE, SURTOUT.

ELLE PASSAIT
SON TEMPS À JEÛNER, SEULE,
DANS CETTE VALLÉE.

REGAGNEZ
VOTRE CAMP.

À QUOI
BON, MA SŒUR ?
CE CAMP NE VEUT
RIEN ENTENDRE DE
JÉSUS-CHRIST. ILS
NE M'OPPOSENT QUE
DE LA HAINE !

MON PÈRE,
RETOURNEZ
IMMÉDIATEMENT
DANS VOTRE CAMP.
C'EST LA VOLONTÉ
DE DIEU !

...

JE SAIS...
ÉCRIVEZ-MOI
LE NOM DE VOTRE PLUS
FERVENT ADVERSAIRE
AU CAMP. ENSUITE,
FILEZ.

JE M'EXÉCUTAI. ET SŒUR JEANNE PRIA. SIX HEURES PAR JOUR, ELLE PRIA POUR QUE KROCH SE CONVERTISSE...

DE MON CÔTÉ, APRÈS DES MOIS DE VIOLENCES, JE COMMENÇAIS À ME RÉSIGNER À NOTRE ÉTERNEL ANTAGONISME.

KROCH ?!

JE... J'AI ÉTÉ CATHOLIQUE, MON PÈRE.

CELA FERAIT TANT PLAISIR À MA MÈRE QUE JE LE SOIS DE NOUVEAU...

APRÈS SA CONVERSION, LES HOMMES DU CAMP SE BOUSCULÈRENT POUR QUE JE LES ADMETTE EN CONFESSION.

DE NOUVEAU, LA PRIÈRE ME PORTA. LA VIE DE PRÊTRE DE PRISON DEVINT UNE BÉNÉDICTION !

KROCH FIT UNE CONFESSION PUBLIQUE, DEMANDA PARDON ET REÇUT LA SAINTE COMMUNION.

EN 1946, JE FUS RENVOYÉ EN ALLEMAGNE. LA GUERRE, POUR MOI, ÉTAIT FINIE.

Épilogue

SAUVÉ DE L'EXÉCUTION

En 1946, la guerre est peut-être terminée mais bien des épreuves attendent encore le père Goldmann. Comme il a été, bien qu'à son corps défendant, un membre des SS, les Français voient en lui un ennemi de la France et, de Ksar-es-Souk (le camp où s'était converti Kroch), on le fait transférer dans un camp de prisonniers plus rude encore, à Meknes, dans le nord du Maroc. Les juges chargés d'instruire son dossier rassemblent des informations et compilent bientôt une liste de vingt-sept signatures d'ex-codétenus : d'anciens chefs nazis de Dachau, qui affirment que le père Goldmann comptait parmi les nazis les plus redoutés et haïs d'Allemagne. Il est même accusé (à tort, évidemment) d'avoir dirigé le camp. Les juges informent sans ambages l'intéressé que, si ces accusations se révèlent vraies, il en répondra de sa vie. Conscient de la gravité de sa situation, le père Goldmann se défend, relatant notamment dans le détail les missions de résistance auxquelles il a pris part pendant la guerre et insistant avec ferveur sur ses convictions personnelles. Cependant, le 27 février 1956, la nouvelle tombe : il a été jugé coupable et sera exécuté le lendemain.

Après une nuit agitée, un officier vient le trouver dans sa cellule pour l'escorter jusqu'à la cour où il doit rejoindre d'autres Allemands condamnés pour crimes de guerre et affronter le peloton d'exécution. Cependant, à cet instant précis, l'officier se trouble soudain et prie le père Goldmann de recevoir sa confession. Ce dernier lui recommande de se rendre auprès d'un des prêtres de la ville, mais l'officier insiste :

– Non, non. Il faut que ce soit vous. Parce que vous êtes en partance pour le ciel.

Incapable de refuser, le père Goldmann entend sa confession, sur quoi l'officier se met à pleurer. Il est convaincu de l'innocence du prêtre et c'est pour lui un déchirement que d'avoir à prendre part à son exécution, mais il est, juge-t-il, pieds et poings liés. Le père Goldmann, qui a deux hosties sur lui, en propose une à l'officier bouleversé. Celui-ci la reçoit avec dévotion. C'est alors qu'un soldat français déboule dans la cellule en brandissant un document et se met à parler avec vivacité. Les deux soldats sortent précipitamment. Resté seul dans sa cellule, le père Goldmann ignore ce qui se trame. Quelques minutes s'écoulent, puis des coups de feu retentissent dans la cour. Il vient d'échapper à l'exécution. Quelques jours plus tard, il apprend ce qu'il s'est passé. La nouvelle de sa condamnation est parvenue au Saint-Siège et le pape Pie XII lui-même a intercédé en sa faveur. Quant à la confession de l'officier français, elle est tombée à point nommé, permettant à la lettre du Pape d'arriver in extremis. Une fois de plus, Dieu a sauvé le père Goldmann d'une mort presque certaine. Ce dernier n'apprendra que bien des années plus tard combien la requête de l'officier français a été providentielle...

PRISONNIER AU MAROC ET EN ALGÉRIE

Le père Goldmann a échappé à la mort, mais il n'est pas libre pour autant. Après le prodigieux événement, il est transféré vers un camp de prisonniers à Casablanca. Il va y passer deux mois. Là, on l'informe une fois de plus que de graves accusations pèsent contre lui. De fait, son dossier porte la mention « Prêtre nazi », ce qui lui vaut de mauvais traitements de la part des gardes français. Pour ne rien arranger, les conditions de détention sont particulièrement pénibles. Les rations, notamment, sont si maigres que les prisonniers doivent chasser les chats et les serpents du camp sous peine de mourir de faim. Les gardes torturent les détenus pour leur arracher des secrets imaginaires et, rendus fous par la faim, certains accablent leurs camarades contre de la nourriture.

Afin d'apaiser les âmes en souffrance de ses camarades d'infortune, le père Goldmann se procure un peu de pain et de vin ainsi qu'un missel anglais: il va pouvoir célébrer la messe. Au milieu de la nuit, un petit groupe sort du baraquement et gagne en catimini une grange voisine, où brûle un tout petit bout de bougie. Ces conditions durent deux semaines, jusqu'à ce que le Saint-Père intervienne une fois de plus. Il demande aux Français de traiter le père Goldmann avec bienveillance, précisant qu'il a personnellement autorisé son ordination. Apprenant cela, le chef du camp de prisonniers permet au prêtre de célébrer la messe dans une petite chapelle construite par les détenus. Ce chantier ajouté à diverses activités spirituelles organisées par le père Goldmann contribue à remonter le moral des hommes.

Hélas! Ces «bons» traitements ne durent guère. Quand un groupe de soldats allemands s'évade, le père Goldmann est accusé de complicité. En conséquence, on l'envoie en Algérie, dans un camp réservé aux cas problématiques – les prisonniers n'y sont pas de simples soldats, mais des nazis convaincus. S'il n'y bénéficie d'aucun traitement de faveur, le chef du camp lui rappelle cependant qu'il a un protecteur, et le plus puissant qui soit en ce bas-monde: le Pape, qui surveille de loin sa situation.

Les conditions de vie se révèlent paradoxalement meilleures dans ce camp qu'à Casablanca. Le père Goldmann reprend ses activités d'aumônier du camp. Il passe ses journées à prier et à pourvoir aux besoins spirituels des prisonniers, dont plusieurs, sous sa conduite, adoptent la foi catholique.

Au bout de plusieurs mois, le commandant du camp l'informe que les Français sont revenus sur leur impression initiale : il n'est pas un nazi grimé en prêtre dans le but d'alléger sa peine, et n'a pas davantage été le commandant du camp de concentration de Dachau. Qui plus est, il ne va pas tarder à être libéré. Pour le père Goldmann, la vie de prisonnier de guerre touche enfin à son terme.

Pour commencer, il est envoyé à Paris, et de là, à Chartres, au « Séminaire des barbelés », où sont internés des séminaristes ayant été recrutés de gré ou de force par l'armée et provenant de tous les camps de prisonniers de France. Enfin libre de ses déplacements, le père Goldmann saisit cette occasion pour effectuer divers pèlerinages et se recueillir dans des cathédrales ou devant des reliquaires. À Lisieux, il rend grâce à sainte Thérèse, qu'il a prié d'intercéder pour lui lorsqu'il s'efforçait d'obtenir du Pape la permission d'être ordonné prêtre.

RETOUR À LA VIE FRANCISCAINE

Après sa libération officielle en 1947, le père Goldmann rentre enfin dans son couvent de Fulda et fait son rapport à ses supérieurs au sein de l'ordre. Le père préfet des études le fait appeler et l'informe que sa façon d'obtenir l'ordination n'est pas jugée « conforme » par les frères franciscains. Le père Goldmann est, aux yeux des professeurs, un « jeune prêtre », en conséquence de quoi toute activité pastorale lui est interdite. Concrètement, il ne peut plus prêcher ni confesser avant d'avoir achevé le cycle de trois ans d'études requis pour l'exercice du ministère sacerdotal. Pour lui, qui a derrière lui quatre années de ministère, souvent exercé au péril de sa vie, c'est une douche froide.

Mais il a l'habitude des revers et s'y entend pour les surmonter. Il se met à l'étude et y consacre la foi et le zèle qui le caractérisent. Il y met tant d'ardeur qu'avec le soutien et les encouragements de professeurs compréhensifs, il se présente aux examens au bout de neuf mois seulement et les réussit haut la main. Il présente les attestations requises à un directeur des études médusé, qui n'a pas d'autre choix que de l'autoriser à reprendre l'exercice de son ministère. Le père Goldmann exulte.

Pour sa première mission, on l'envoie assister un prêtre plein de sagesse dans une paroisse de Fulda. À ses côtés, il se réaccoutume à la vie civile. Ses devoirs auprès des fidèles n'ont rien à voir avec les fonctions qu'il a accomplies sur le champ de bataille ou dans les camps de prisonniers, et c'est pour lui une période riche en enseignements. Cependant, le père Goldmann n'est pas tout à fait au bout de ses peines. Les autorités militaires américaines, le soupçonnant d'activités nazies pendant la guerre, le soumettent à une douzaine d'interrogatoires. Comme il l'a déjà fait par le passé, le père Goldmann se défend patiemment et, une fois établie sa participation au complot visant à assassiner Hitler, on conclut qu'il n'a pas pu être un vrai nazi.

LE POUVOIR DE LA PRIÈRE

Au cours des années qui suivent, le père Goldmann est nommé successivement en Allemagne et aux Pays-Bas, où il travaille auprès de séminaristes. Où que le mènent ses fonctions, il en profite pour visiter les couvents et monastères des environs. Un jour qu'il séjourne dans le sud de l'Allemagne, il fait un détour par le couvent de Siessen, où on le conduit auprès d'une sœur au visage marqué par les ans et la souffrance, mais qui n'en rayonne pas moins de joie et de sérénité. Pendant l'entretien, sur un signe de la sœur, toute une volée d'oiseaux vient se percher sur sa cornette et sur ses mains. En discutant avec elle ainsi qu'avec les autres sœurs, le père Goldmann apprend qu'elle vit alitée depuis vingt ans, grabataire, et dédie au Cœur sacerdotal de Jésus toutes ses souffrances et tous ses sacrifices dans l'espoir qu'un petit garçon de Fulda ne perde pas sa vocation à la vie religieuse... Dieu a récompensé son sacrifice et ses prières, comme il a exaucé celles de sœur Solana May.

Vers la même époque, un autre épisode illustre aux yeux du père Goldmann l'incroyable pouvoir de la prière. Alors qu'il rend visite aux Sœurs servantes du Saint-Esprit de l'adoration perpétuelle, à Grimmenstein, en Suisse, celles-ci lui confient qu'apprenant sa condamnation à mort, un officier français convaincu de son innocence les a chargées de prier pour lui. Ce qu'elles ont fait, se relayant sans discontinuer devant le Saint Sacrement jusqu'à ce qu'elles sachent le condamné hors de danger. Elles lui montrent même son nom écrit sur une feuille jaunie posée sur un prie-Dieu. Le père Goldmann est stupéfait. Son salut a réellement été providentiel, Dieu a toujours veillé sur lui, même aux heures les plus sombres de sa vie. La Bible dit donc vrai : celui qui prie au nom de Jésus sera exaucé. Le père Goldmann en est la preuve vivante.

MISSIONNAIRE AU JAPON

Depuis l'enfance, le père Goldmann rêve de devenir missionnaire au Japon. Quand il reçoit enfin son visa, il prend sans tarder les dispositions nécessaires et s'envole pour Tokyo. Dans une lettre datée du 22 janvier 1954, écrite alors qu'il survolait les Indes et la Birmanie, cap sur Bangkok, il décrit son aventure d'une plume pleine d'enthousiasme : « Des forêts, des marais, la jungle. Pas une agglomération à des kilomètres à la ronde. De 6 000 mètres de hauteur, on peut apercevoir, par temps clair, d'immenses vallées, des fleuves, de vastes plaines... Et quelle diversité parmi les populations locales ! Ma mission sera d'envergure. Mais c'est pour cela que nous sommes là. Espérons que tout se déroule au mieux. »

Le père Goldmann arrive à Tokyo le 25 janvier, jour de la conversion de saint Paul. Emprisonnée sous une épaisse couche de givre et de neige, la capitale du Japon, l'ancien allié de l'Allemagne, se remet alors lentement des bombardements aériens. En contemplant ce paysage glacé, le père Goldmann songe à toutes les âmes en quête d'un printemps spirituel, des âmes « encore plongées dans l'hiver du paganisme » et qu'il faudrait « réchauffer à la flamme du Saint-Esprit ». Bien qu'impatient de commencer son œuvre, le père Goldmann a d'abord un important apprentissage à faire. Au sujet de ses premières impressions et des difficultés rencontrées, il écrit : « Je suis à rude école. La langue japonaise est incroyablement difficile, c'est la plus ardue de toutes celles que j'ai apprises à ce jour... Mon lit, à la mode asiatique, consiste en quelques couvertures jetées à même le sol. Le soir, je tombe de fatigue, épuisé par des heures d'intense concentration. Sur les quelques milliers de signes qu'il me faut maîtriser, je ne suis parvenu à en mémoriser que 45, les plus faciles. (...) Notre paroisse compte trois-cents mille païens – j'ai de quoi m'occuper. Les rares chrétiens, toutefois, sont d'une ferveur remarquable. Il m'arrive d'en accueillir jusqu'à quarante à la fois dans ma chambre de quatre mètres sur six, qui nous sert de chapelle. Ils sont fort sympathiques, quoiqu'extrêmement pauvres. »

En effet, la misère est endémique dans le faubourg tokyoïte où le père Goldmann officie comme curé de l'église Sainte-Elisabeth. D'emblée, il entreprend de subvenir non seulement aux besoins spirituels de ses ouailles mais encore à leurs besoins matériels. C'est de ses efforts qu'est née la Fondation des Chiffonniers pour les Étudiants. Tous les jours, il fouille les poubelles, récoltant bouteilles, papiers, boîtes de conserve, tout ce qui a un tant soit peu de valeur, et revend

ses trouvailles aux chiffonniers contre espèces sonnantes. Ainsi parvient-il à rassembler de quoi payer les frais d'étude d'une centaine d'étudiants. Soucieux d'améliorer les conditions de vie des Tokyoïtes, qui vivent nombreux entassés dans des constructions sommaires à pièce unique faites de bambou et de papier, il crée en outre une fondation caritative dédiée au logement. Son investissement sera encouragé par des conversions : au bout de quelques mois, il prépare trente-huit nouveaux catéchumènes.

Le père Goldmann a à cœur de subvenir à un autre besoin, encore. Paralysés par leur indigence extrême, la majorité de ses paroissiens n'ont jamais eu l'occasion de s'aventurer plus loin que les limites de leur quartier ni de goûter la joie, la paix et la beauté de la nature. Afin de remédier à cet état de fait, le père Goldmann entreprend de construire une maison de repos dans la montagne où les mères accablées de labeur puissent prendre de courtes vacances avec leurs enfants (les hommes étant malheureusement retenus à la ville par le travail). Comme il cherche un terrain sur lequel ériger cette maison familiale catholique, il se tourne vers un riche propriétaire terrien japonais connu pour son avarice. Sans surprise, il se fait envoyer paître ; le Japonais jure même que jamais il ne lui cédera le moindre petit lopin. Alors, le père Goldmann prie Saint-Antoine, faisant le vœu, s'il l'assiste dans cette affaire, de lui dédier l'œuvre. Or, l'irascible Japonais se calme et revient miraculeusement sur sa décision, cédant à la Mission le terrain où naîtra bientôt le refuge de Saint-Antoine-des-Monts.

Au cours des années qui suivent, le père Goldmann, en plus de pourvoir aux besoins de ses paroissiens, fait sortir de terre une nouvelle paroisse, celle de

Saint-Joseph-Artisan. Il crée un hôpital. Bien que pauvres eux-mêmes, ses fidèles acceptent d'assurer le parrainage d'une paroisse jumelle plus pauvre encore, en Inde, et envoient des dons à hauteur de leurs capacités pour adoucir un peu la misère de leurs frères et sœurs en Jésus. Avec le temps, grâce aux efforts du père Goldmann et de ses ouailles, on lève suffisamment d'argent pour construire huit nouvelles paroisses indiennes, un séminaire, un orphelinat, plusieurs écoles ainsi qu'un hôpital moderne. En parallèle, les catholiques japonais, dont le nombre va croissant, progressent sur le chemin de l'épanouissement spirituel et matériel à mesure que leur pays ravagé par la guerre se reconstruit peu à peu. Ils apprennent ainsi que nulle générosité n'égale celle du Seigneur.

LES DERNIÈRES ANNÉES

Vingt-deux années durant, le père Goldmann poursuit son travail de prêtre de paroisse à Tokyo, prononçant selon ses propres estimations quelques quarante-mille sermons au Pays du Soleil Levant. En dix-sept occasions, il emmène des catholiques japonais en pèlerinage en Terre Sainte, séjournant exclusivement dans des couvents et s'astreignant aux exigeants exercices spirituels de saint Ignace de Loyola. Ayant aidé à fonder deux couvents de Carmélites en Inde ainsi que plusieurs au Japon, il fonde ensuite à Tokyo l'Académie de Musique ecclésiastique. Les quinze premières années, il en est le directeur et son travail vaut à l'établissement une renommée internationale.

La mission du père Goldmann au Japon, qui durera quatre décennies, a commencé dans l'indigence, mais sera couronnée de succès. Les plus hautes autorités finissent par saluer ses remarquables réalisations. Pour son engagement humanitaire, l'empereur Hirohito lui fait décerner la médaille de la bienfaisance, la plus haute distinction honorifique japonaise pour œuvres philanthropiques. Cependant, le père Goldmann commence à accuser le poids des ans. Atteint de problèmes de santé chroniques, il fait deux infarctus. Puis un troisième, en 1994, qui voit les médecins prononcer son décès. Mais Dieu n'en a pas encore fini avec lui... Il sort du coma et, à la faveur d'une convalescence en Allemagne, il se rétablit. Il ne quittera cependant plus sa terre natale, excepté pour des voyages, dont encore un au Japon.

Au cours de ses dernières années, le père Goldmann mène une existence paisible et ordonnée qu'il qualifie (un peu abusivement, sans doute) de « tranquille ». En réalité, il se lève à cinq heures du matin et consacre ses journées à l'étude ainsi qu'à sa correspondance, car il répond personnellement aux milliers de lettres qui lui sont adressées. Il reçoit en outre des visiteurs venus du monde entier, et dédie cinq ou six heures quotidiennes à la prière, car jamais il n'oubliera que s'il lui a été permis d'accomplir tant de choses en une vie, c'est à Dieu et à lui seul qu'il le doit. En voyage aux États-Unis bien des années plus tôt, le père Goldmann a donné des conférences qui ont été enregistrées. Ces conférences donnent naissance à un livre aujourd'hui traduit dans plus de dix langues. Le père Goldmann, par son ministère, a touché bien des vies, comme continue de le faire à ce jour le récit de la sienne.

Le père Goldmann quitte ce monde le 26 juillet 2003 au couvent de Fulda. L'odyssée qu'a été sa vie pleine de rebondissements est un impérissable témoignage de la puissance et de la providence de Dieu, qui guide toutes les âmes cherchant sous ses ailes un refuge.

Patti 4 agost[o]

In linea eccezionale e per facoltà straordinarie, che [ho] ricevuto dalla S. Sede, si per[mette] ai chierici cattolici della [...] divisione tedesca dei carri ar[mati] di portare con la debita riv[erenza] la S. Comunione ai loro comm[ilitoni] e specialmente ai feriti.

+ Angelo Vesco[vo]

Quod ad me attinet et meam Dioecesim Murac[...] confirmo facultates extraordinarias supra dictas [...] Murac[...] in Lucania die 20 septembris 1943

+ Bartholomaeus Mangino Ep[iscopus]

Photographies

LA VIE DU PÈRE GOLDMANN

Karl Goldmann est né le 10 octobre 1916.
Ici, à douze ans.

Quand Margaret meurt, en 1924, Sœur Solana May promet au jeune Karl : « Je vais remplacer ta mère. » Elle tiendra sa promesse d'une façon remarquable. Ici, accompagnée de quatre servants d'autel, dont Karl (à droite).

En septembre 1936, Karl se porte volontaire pour le service
du travail. C'est là, au sud de la lande de Lüneburg,
qu'il découvre à quoi ressemble une Allemagne déchristianisée.
Sa haute taille le distingue de ses camarades.

En octobre 1936, Karl entre
au noviciat franciscain
de Gorheim.

De Gorheim, il est envoyé à Fulda, où il
étudie la philosophie pendant deux ans.
Ici, l'entrée de l'abbaye de Frauenberg.

En août 1939, ces jeunes séminaristes franciscains apprennent qu'ils vont devoir rejoindre l'armée. Karl (ou Frère Gereon, ainsi qu'il est connu de ses frères franciscains) est le troisième en partant de la droite à l'avant-dernier rang.

Fin 1943, campagne italienne. À vingt-sept ans, Karl est déjà
un vétéran. Bien que simple infirmier, c'est lui qui encourage
les officiers moins aguerris et souvent plus jeunes
et pusillanimes que lui.

Dans un camp de baraquements installé à la frontière polonaise surnommé « camp des vers de terre », Karl reçoit une formation d'opérateur radio. On le voit ici avec ses camarades, qu'il dépasse d'une tête.

L'hiver, bien qu'épuisés par l'entraînement, les onze séminaristes du peloton de Karl marchent jusqu'à l'église catholique de Bürschen pour y prier et y méditer. Sur les onze, le seul à abjurer sa foi fut celui qui refusa de s'astreindre à ce pèlerinage quotidien.

Partiellement masqué par l'antenne, on voit ici Karl
et un camarade séminariste sur le terrain en train
d'apprendre à manier le poste de radio.

Début 1940. Après une période de grandes manœuvres, le « camp
des vers de terre » reçoit la visite du Reichsführer Heinrich
Himmler en personne. Frappé par le courage des séminaristes, qui
refusent d'abjurer leur foi, Himmler leur octroie la permission
de servir leur Dieu sans se trouver importunés par les officiers
SS et leur militantisme antireligieux.

Printemps 1940. L'unité de Karl est envoyée dans le village
de Herbolzheim, près du Rhin.

Les Islettes. Les Allemands visitent le cimetière
de leurs prédécesseurs, morts pendant la Première Guerre
mondiale. À l'arrière-plan, la ville bombardée est en flammes.

Le catafalque (vide) de Karl,
devant l'autel où il officia.

Sous le régime nazi, l'armée traitait et recrutait
les prêtres comme des civils ordinaires.
Ici, la tombe anonyme d'un homme de Dieu.

Karl déroge aux ordres allemands pour sauver des enfants
français de la famine, leur faisant notamment parvenir
de grandes quantités de vivres qui ont été réquisitionnées
dans les campagnes puis amassées dans les camps de la Wehrmacht.

Pour suivre l'armée française en déroute, les Allemands
parcourent parfois jusqu'à 80 km par jour.

Une fois sa formation d'officier achevée,
on somme Karl de quitter l'Église catholique.
Comme il s'y refuse, il est renvoyé de la SS
comme inapte et reversé dans la Wehrmacht.
Ici, en mai 1941, il porte pour la dernière fois
l'uniforme des SS.

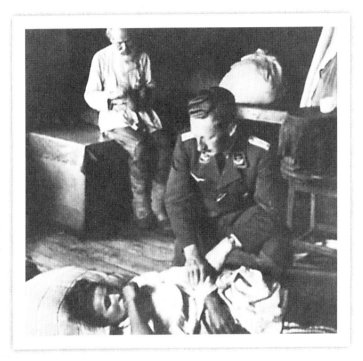

Sur le front russe, Karl suit une formation de perfectionnement
pour les infirmiers. Durant tout l'hiver 1942, il soigne
les blessés. Puis, ayant contracté la dysenterie (heureusement,
peut-être), il est pris en charge dans un hôpital de réserve
du sud de l'Allemagne.

Les nazis n'ayant que mépris pour la croix chrétienne,
ces Allemands reposent sous la « rune des morts »,
un symbole païen.

Après son procès en septembre 1942, Karl est autorisé à étudier
à Fribourg.

Une fosse commune contenant les corps
de trente-sept soldats SS, reposant
sous la rune des morts.

À l'issue de son audience avec le pape Pie XII, le 3 janvier 1944, et bien que n'ayant pas achevé ses études, Karl reçoit une autorisation spéciale d'ordination sacerdotale.

N° 5324/43 DUPLICATUM

Beatissime pater,

Fr.Gereon Goldmann, Diaconus Minoriticae provinciae Thuringiae, ad pedes S.V. provolutus, humiliter implorat:

1) Dispensationem unius anni et sex mensium super defectu curriculi theologici, ut Sacerdos ordinari possit.

2) Ut possit ordinari Sacerdos a quovis Episcopo et quavis die ob rationes extraordinerias.

Et Deus etd......

Ex Audientia Ssmi diei 10 Januarii 1944.

Ssmus Dominus Noster Pius PP.XII,referente infrascripto Secretario Sacrae Congregationis Negotiis Religisorum Sodalium praepositae,benigne adnuit pro gratia in omnibus iuxta preces,graviter onerata Superiorum conscientia,et cum facultate audiendi confessiones militum tantum.

Non obstantibus quibuslibet.

Datum Romae,die,mense et anno ut supra.

Subs. + L.H.PASETTO SECRETARIUS.

J.Mancini Adiutor a Studiis.

L. + S.

Concordat cum originali.

Datum Romae,die 25 Februarii 1949.

Très Saint Père,

Le frère Gereon Goldmann, diacre de la province franciscaine de Thuringe, se tient prosterné devant Sa Sainteté et La prie humblement de bien vouloir lui accorder :

1. Une dispense pour les dix-huit mois d'études théologiques manquant à sa formation, de sorte qu'il puisse être ordonné prêtre ;

2. La permission extraordinaire, en raison des circonstances, d'être ordonné par n'importe quel évêque au jour de sa convenance. Et que Dieu etc.

****

En audience avec le Saint Père, le 10 janvier 1944.

Sa Sainteté le Pape Pie XII, en déléguant l'affaire au sus-cité Secrétaire de la Congrégation pour la doctrine de la Foi responsable des instituts de vie consacrée, ayant confié cette lourde responsabilité à la conscience des supérieurs, accorde les permissions demandées, ainsi que celle d'entendre les confessions des seuls militaires.

Nonobstant toutes dispositions contraires aux présentes.

À Rome, jour, mois et années telles que ci-dessus.

Renvoyé en Europe, où les prisonniers de guerre doivent
recouvrer leur liberté, le père Goldmann assiste en 1947
à la messe célébrée par le nonce, le cardinal Roncalli
et futur pape Jean XXIII, dans un camp de prisonniers à Chartres.

Ici, le cardinal Roncalli célébrant la messe. Le père Goldmann
est le troisième en partant de la droite (on le reconnaît, comme
toujours, à sa haute taille).

Ses études terminées, le père Goldmann sert
dans plusieurs paroisses en Allemagne et aux Pays-Bas.
Ici, menant un groupe de pèlerins à Waldürn,
théâtre du Miracle du Très Précieux Sang.

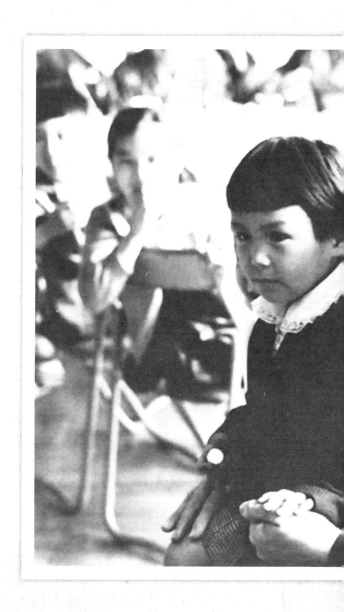

Au temps où il était enfant de chœur, le père
Goldmann rêvait de devenir missionnaire.
Son rêve se réalise en 1954, quand il
est envoyé à Tokyo.

Le père Goldmann célébrant la messe pour sa paroisse japonaise.

La station missionnaire de Bibai, son couvent de sœurs,
son jardin d'enfants.

Groupe de pèlerins en audience avec le pape Paul VI à Rome.

Décembre 1965. Au temple de Jeiji, à Tokyo,
le père Goldmann reçoit la plus haute distinction
honorifique japonaise pour œuvres philanthropiques :
la médaille de la bienfaisance.

Postface de l'auteur

MAX TEMESCU

À l'heure où j'écris ces lignes, il y a déjà des mois que j'ai fini de dessiner les planches de ce roman graphique et, a fortiori, d'en rédiger le scénario. Il serait donc malavisé d'entrer ici dans le détail du processus de création de livre ou de m'appesantir sur son thème. Trop de temps a passé, si bien que tout commentaire que je m'efforcerais d'en faire à présent s'appuierait sur le socle bancal de mes souvenirs confus! Cela étant, certains éléments peuvent venir éclairer ma relation particulière à ce livre, dont me voici le co-auteur.

L'histoire est celle d'un homme. Malgré l'indéniable importance de son contexte historique, ce roman graphique relate avant tout la vie de Goldmann. Le texte provient presque intégralement du récit de sa jeunesse en pleine Seconde Guerre mondiale. On notera que l'envergure et l'apparente objectivité propres à d'autres récits de guerre en général et à la Seconde Guerre mondiale en particulier font entièrement défaut à celui-ci. De la même façon, il ne faut pas s'attendre à trouver ici de description détaillée du contexte global dans lequel s'inscrivit l'existence de Goldmann. La raison en est que ce contexte, qui a pu servir de toile de fond à quantité de récits de guerre classiques où se mêlent l'horreur et l'héroïsme, Goldmann n'en a pas fait l'expérience. Au reste, ce n'était pas ce qui l'intéressait. Il tendait tout entier vers quelque chose d'autre, d'ineffable. Que cela ne dissuade pas le lecteur curieux de se renseigner sur la vie en Europe dans les années 1940!

En ce qui me concerne, pour m'y être plongé dans le cadre de recherches préalables à la réalisation de ce livre, je reste sidéré que quiconque ait pu émerger de cette guerre indemne. Certes, l'Holocauste et de manière générale la barbarie des camps d'extermination se classent premiers au palmarès des atrocités commises à l'ère moderne. On chancelle néanmoins devant l'échelle et l'étendue des actes inqualifiables commis à travers la période. Si l'histoire de Goldmann m'a intéressé, c'est parce qu'elle est banale. C'est l'histoire d'un homme qui, à force de persévérance, gravit, un caillou à la fois, la montagne d'horreur à laquelle il se trouve confronté.

Mais le plus frappant dans son histoire, c'est bien sûr Goldmann lui-même. Sa foi et sa relation à Dieu, profondément modelées par son appartenance à l'ordre franciscain, constituent l'aspect déterminant de ses expériences. Si je ne partage pas la foi de Goldmann, force m'est de reconnaître que la sienne s'incarna de façon tangible tout au long de sa vie. Ses croyances constituaient les fondations mêmes de sa vie et il m'a semblé important d'éviter de séparer Goldmann de sa foi, nonobstant nos différences d'opinion à ce sujet : de batailles en bombardements, il semble en effet que se soit opérée entre les deux une véritable fusion. Par conséquent, j'ai accepté le personnage tel qu'il se présentait lui-même, et j'invite les lecteurs du présent ouvrage ou du livre dont il s'inspire à en faire autant : chassez toute arrière-pensée, dans un premier temps du moins. Faites fi des affiliations du héros. Écoutez-le.

L'histoire de Goldmann est passionnante. Elle raconte le parcours d'un individu à part qui se trouve aux prises avec une situation unique. Le récit de guerre de Goldmann ne pouvait donc pas être un récit de guerre ordinaire, et c'est sa spécificité qui, à mes yeux du moins, en fait toute la valeur.

MAX TEMESCU

8 octobre 2015

New York

Un Franciscain chez les ⚡⚡
Making-of

SCÉNARIO
ET PREMIÈRES PLANCHES

14B.5

Intérieur, soir.

GOLDMANN est assis dans un train presque entièrement rempli de soldats. Le siège voisin du sien est inoccupé. Il lit une petite bible. Par la fenêtre, on voit le paysage vallonné de la Toscane.

ENCART

Quelques jours plus tard, nous avons longé Rome. La foi de sœur Solana May n'était peut-être pas si puérile, finalement.

PAGE 15

15.1

Extérieur, crépuscule.

GOLDMANN et FAULBORN franchissent une arche de pierre qui mène à une cour pavée. On voit la mer paisible à l'horizon.

ENCART

Après la débâcle, mon unité se replia. Je la retrouvai près de Patti, une petite ville côtière proche du continent où elle se retranchait.

En trois jours, nous y recueillîmes plus de quatre cents morts et blessés.

15.2.

Grand plan aérien de la cour. GOLDMANN et FAULBORN s'éloignent de leur ambulance. Les portes du véhicule restent ouvertes. Ils se dirigent vers trois individus assis à une table de bois dans le coin de la cour. Cette cour est le parvis d'une cathédrale sise au sommet d'une colline broussailleuse. La façade de pierre est sobre et lisse, la base en pierres grossièrement taillées. Sur le versant, on distingue çà et là des arbres d'aspect tropical, de même que des toits inclinés et qu'une route sinueuse.

ENCART

Un ami blessé, sachant que je parlais l'italien, me chargea de trouver un prêtre pour donner la communion aux mourants – il s'agissait de sauver l'âme de nos hommes mourants.

Mon fidèle Faulborn accepta de me conduire au village voisin.

15.3

GOLDMANN et FAULBORN arrivent à hauteur des individus attablés. Ils ont des physiques distincts mais sont visiblement tous trois âgés et blancs. Celui du

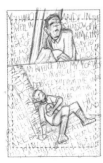

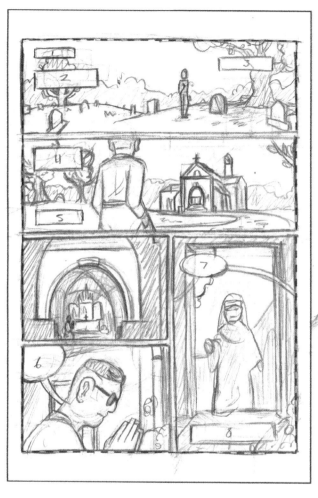

PAGE 15

SOHW

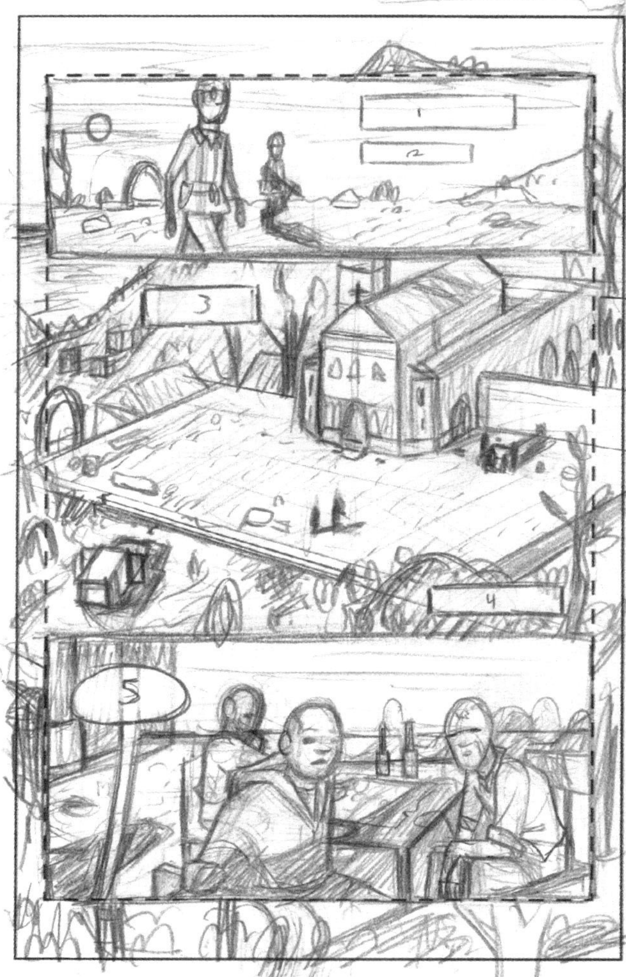

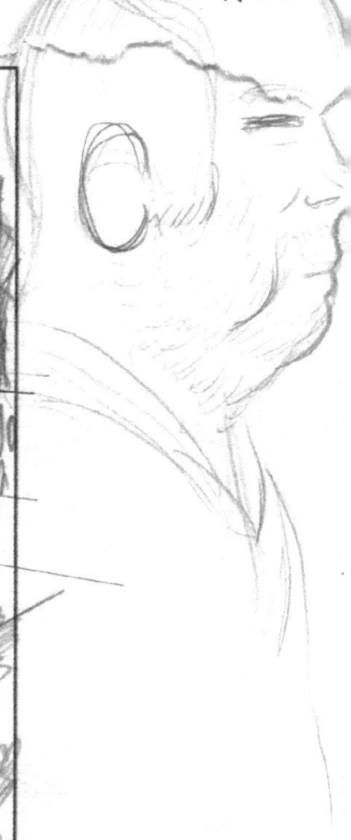

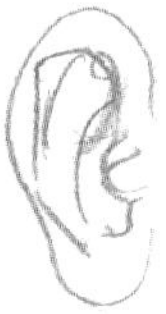

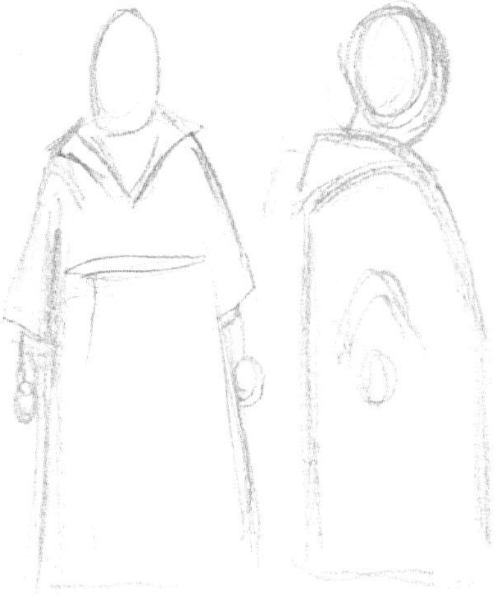

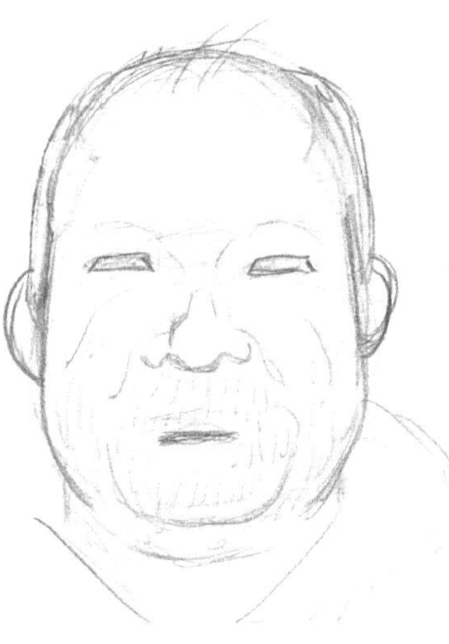

Diplômé en 2013 de l'école des beaux-arts de l'université de Washington, Saint-Louis, <u>MAX TEMESCU</u> est auteur illustrateur. Il est notamment publié chez Field&Stream, Popular Science, Wired et Adult Swim. Il vit actuellement à New-York, où il est également directeur artistique pour la *Washington University Political Review*.

TemescuArt.com